重要的事

大切なこと

[日] 松下幸之助 著　　[日] 江村信一 绘

赵晓明 译

人民东方出版传媒
People's Oriental Publishing & Media
東方出版社
The Oriental Press

图书在版编目（CIP）数据

重要的事：松下幸之助给年轻人的嘱托 /（日）松下幸之助 著；赵晓明 译. —北京：东方出版社，2025.1
ISBN 978-7-5207-3850-7

Ⅰ.①重… Ⅱ.①松… ②赵… Ⅲ.松下幸之助（1894-1989）—人生哲学—青年读物 Ⅳ.① K833.135.38

中国国家版本馆 CIP 数据核字（2024）第 045468 号

TAISETSU NA KOTO
by Matsushita Konosuke
Text copyright © 2003 PHP Institute, Inc.
Illustrations copyright © 2003 by Shinichi EMURA
All rights reserved.
First original Japanese edition published by PHP Institute, Inc., Japan.
Simplified Chinese translation rights arranged with PHP Institute, Inc.
through Hanhe International(HK) Co.,Ltd.

本书中文简体字版权由汉和国际（香港）有限公司代理
中文简体字版专有权属东方出版社
著作权合同登记号 图字：01-2023-5540 号

重要的事：松下幸之助给年轻人的嘱托
（ZHONGYAO DE SHI: SONGXIA XINGZHIZHU GEI NIANQINGREN DE ZHUTUO）

作　　者：	［日］松下幸之助
插 画 师：	［日］江村信一
译　　者：	赵晓明
责任编辑：	刘　峥
出　　版：	东方出版社
发　　行：	人民东方出版传媒有限公司
地　　址：	北京市东城区朝阳门内大街 166 号
邮　　编：	100010
印　　刷：	鸿博昊天科技有限公司
版　　次：	2025 年 1 月第 1 版
印　　次：	2025 年 1 月第 1 次印刷
开　　本：	787 毫米 × 1092 毫米　1/32
印　　张：	4.5
字　　数：	66 千字
书　　号：	ISBN 978-7-5207-3850-7
定　　价：	49.00 元
发行电话：	（010）85924663　85924644　85924641

版权所有，违者必究
如有印装质量问题，我社负责调换，请拨打电话：（010）85924602　85924603

本书内容选自连载于PHP研究所月刊杂志 *PHP* 扉页上的短文合集——《开拓道路》和《续·开拓道路》,将书中写给年轻人的内容摘取后重新编辑而成。PHP是"PEACE and HAPPINESS through PROSPERITY"的首字母缩写,意思是"通过实现物质和精神两层面的繁荣,获得真正的和平和幸福"。希望大家基于人类本性、自身智慧、亲身经验积极思考如何才能实现人类心身两层面的丰富和繁荣,如何创造和平、幸福的生活。PHP研究所正是基于这一愿景开展活动的。

作者简介

[日]松下幸之助 （文）

松下电器创始人，PHP研究所创办者。1894年，出生于日本和歌山县。9岁时，独自到大阪当学徒，后就职于大阪电灯株式会社。1918年，23岁开始创业，一路带领企业成长为全球性跨国集团。1932年，意识到产业人的真正使命，产生了自己的哲学——松下哲学。1946年，创办PHP研究所，开始了PHP运动。1979年，兴办松下政经塾。1987年，应中国政府之邀在华建成第一家合资工厂。1989年去世，享年94岁。2018年获得中国政府颁授的中国改革友谊奖章，被誉为"国际知名企业参与我国改革开放的先行者"。代表作《天心：松下幸之助的哲学》《道路无限》《开拓人生》《拥有一颗素直之心吧》。

[日]江村信一 （图）

出生于日本大阪，于（株）三丽鸥企划制作课从事角色设计工作。1984年创立角色授权许可&设计工作室CIS。创作出D`BOY、U-17世界足球锦标赛吉祥物等大量人物角色，约2000种作品实现商品化。同时自1995年开始创作柔光色粉艺术。与绘本画家叶祥明等人共同举办"天使展"。此外还涉足治愈系音乐CD制作，并且举办讲座，截至目前吸引了约400人参加。

主要作品有《打起精神》《永远的笑脸》《世界上最简单的绘画方法》（以上均为PHP研究所出版）等。

目 录

每个人都一样	2
认真打招呼	5
善于倾听	8
无法预知未来	11
关于烦恼	14
关于失败	17
关于社会	20
做好自己	23
改变看法	26
不可思议的事	29
借 口	32
转折点	35
敞开心扉	38
云	41
静待时机	46
素直地生活	49
尚需努力	52

冷静是一种美德 ……………… 55
生活中多动脑筋 ……………… 58
悲观与乐观 ………………… 61
最平凡的事 ………………… 64
次善之策 …………………… 67
自己的工作 ………………… 70
智慧是无穷无尽的 …………… 73
一厢情愿 …………………… 76
撒娇任性 …………………… 79
批　评 ……………………… 82
道　歉 ……………………… 85
感　谢 ……………………… 88
附　身 ……………………… 92
保持热情 …………………… 95
下雨怎么办 ………………… 98
一日三变 …………………… 101
危险的事情 ………………… 104

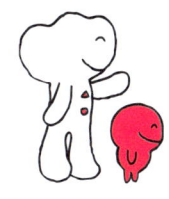

打开视野 …………… *107*
取之不尽的宝藏 ………… *110*
自己负责 …………… *113*
理所当然的事情 ………… *116*
风起之时 …………… *119*
珍惜事物 …………… *122*
智慧的宽度 …………… *125*
属于自己的东西 ………… *128*
路 ………………… *131*

和平

每个人都一样

每个人都一样,但每个人又都不一样。这既是大自然的真理,也是人世间的真实情况。

每个人都有眼睛、鼻子、嘴巴和耳朵，五官数量都是一样的，位置也几乎差不多。

鼻子长在眼睛的下边，嘴巴长在鼻子的下边，每个人的脸都是这样的构造。如果有人的鼻子长到了眼睛上，那他就成了怪物。世界上也没有这样的人。

世界上有几十亿人，每个人的脸却不尽相同。

尽管人脸的构造和排列大致相同，但哪怕只是一点微妙的变化，也会带来如此多的不同结果。

不仅仅是人脸。只要同为人类，每个人的心理活动，原本也并没有太大差别，这一点与每张脸的构造大致相同是一样的。

每个人都一样。但是，哪怕是一点点内心的不同，想法的不同，既可以使人幸福，也可能给人带来不幸。最终的差异可以说是天差地别。

每个人都一样，但每个人又都不一样。这既

是大自然的真理，也是人世间的真实情况。

在一起

认真打招呼

打招呼是人与人之间每日生活的润滑剂。

清晨，深吸一口清爽的空气，开始打扫门前的道路。正好看到附近上早班的邻居走过来。"早上好！""早上好！"

看似普普通通的一句早安，就像每天自然而然的习惯一样，没有什么特别之处。但我却觉得这样的招呼其实具有特别的含义。

"昨晚真冷啊"，从这句招呼里，看到了互相之间的体恤；"承蒙每次关照"，又饱含着感谢之情。这样的招呼，可以让人迅速进入工作状态，让工作的进展更加顺利。

祖祖辈辈传承下来的打招呼礼节可以说发挥着非常重要的作用。它是人与人之间每日生活的润滑剂。虽然打个招呼，说句"今天真冷啊"，天气并不会因此暖和起来。

打招呼的种类多种多样，我想说的是希望我们能更加重视打招呼这件事情，时刻提

醒自己要精神抖擞地与人打招呼。

善于倾听

不会倾听,就好比是自己主动让内心变得贫乏。

人在认真听对方说话时，身体会自然前倾，耳朵也会竖起来。这样就能将对方的一言一语铭记于心，而且还能听出对方的言外之意。

别人的话，也可以成为自己身体的一部分，从而丰富自己的内心并带来新的智慧。不会倾听，就好比是自己主动让内心变得贫乏。

无论多么聪明的人，一个人的智慧总有极限。所以，如果只靠自己的聪明才智做事，想法就会变得僵化，视野就会变得狭窄。

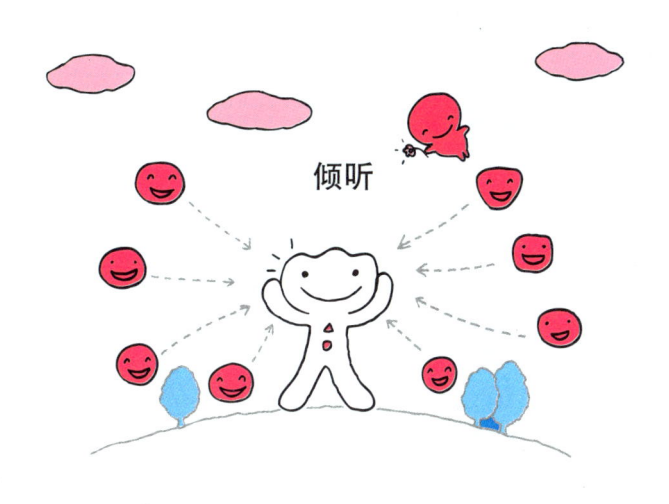

倾听

当今社会，节奏快，人心浮躁，大家都急于求成，所以动不动就会依赖个人智慧和个人判断来行事。

尽管如此，我还是希望每个人都能够认真倾听他人的话语。无论是谁说的话，无论是谁的想法，只要内容是认真的，都应该认真倾听。而且还要尽可能多倾听，以此来涵养内心、减少失误、增进智慧。

无法预知未来

世事无常,这就是人生。

未来是无法预知的。无论前后左右思虑得如何周全，考虑得如何到位，未来都是无法预知的。

世事无常，这就是人生。更不用说当今时代节奏日益加快，世界形势错综复杂，不断发生完全无法预料的事情。

未来是无法预知的，我们要切实拥有这样的思想觉悟。今天是昨天的继续，明天又是今天的继续，即便如此，每天的平安无事并不能保证任何事情。

最重要的事情就是，无论发生什么事情，首先要学会素直地接受。如果心灵受到束缚、眼中带有

接受无常

私利，就无法抓住事情的本质。

在平稳无事的日子里，些许私心可能也是无法避免的。但是，一旦遇到大事，一颗受束缚的心就会导致无法挽回的后果。

当今时代，素直之心尤为重要。

关于烦恼

如果不知道该怎么做,就向他人请教。切勿自我封闭,要素直地、谦虚地倾听他人的教诲。

人不是神仙，无法做到洞察万事、进退自如、无忧无虑。

如果有烦恼，一定就会忧虑，也会迷茫。想不明白事情、无法做出判断、无法下定决心，这也是经常发生的。

下围棋的时候，如果不知道该怎么走棋，倒也不会给别人添麻烦。但在当今社会，人与人之间的联系日益紧密，如果工作上一味烦恼，不努力想办法解决问题，那就会给别人带来莫大的麻烦。

如果不知道该怎么做，就向他人请教。切勿自我封闭，要素直地、谦虚地倾听他人的教诲。

不管对方给出的建议如何，只要是真诚地求教，就一定能够有所收获。

与其为烦恼和忧虑感到羞耻，倒不如为自我

封闭和不敢虚心请教而感到羞耻。

开放

关于失败

与其害怕失败,不如惧怕不够认真对待。

日语里有个成语叫作"七倒八起",用来形容不管经历多少次失败也不放弃,爬起来继续发奋的样子。

人生很漫长,世界很辽阔。人人都会经历失败,也会有悲观情绪,这种时候这个成语就非常重要了。

但是,如果摔倒了七次还仅仅漫不经心地想着只要第八次起来就行,这就多少有点愚笨了。

如果摔倒一次,还不多加注意的话,即使摔倒七次,结果也不会有什么变化。希望大家在第一次摔倒的时候,就能足够重视。

最重要的是有"吃一堑,长一智"的心态。很多先哲和圣人都是从失败中领悟到人生真谛的。

跌倒一次,就一定要汲取一次的教训,这一点具有非常积极的意义。与其害怕失败,不如惧怕不够认真对待。

只要认真对待，即使经历失败，也自然会做到吸取教训再次努力。

希望每个人都可以秉持"吃一堑，长一智"的认真态度。

关于社会

当你遇到不如意的事情时,不妨以社会这位良师的标准反省一下自身。

人生在世，很难事事如意。但是换个角度来看，说不定这样才是最好的。

人不是神，所以想法不一定都是正确的。有时会偏执于自己，有时又会受限于他人。如果将这样的想法强行加给社会，肯定是行不通的。

良师

社会又有宽容的一面，能够接受一定程度上的错误想法。但是，如果大家因此而任意妄为，认为适当地犯点错也没关系那就大错特错了，一定会走进死胡同。等到了无路可走的时候，又会感叹"社会不如我意"。到这种时候，徒然感叹也无济于事。

如果什么时候都依着自己的想法来，可能会导致不可挽回的局面。不但自己要承担后果，还会给别人添麻烦。

社会是一位良师。尽管它有宽容的一面，但最终会严格地辨别是非曲直。所以，不能把任何事情当儿戏。在社会上，只有合乎情理才能行得通。

当你遇到不如意的事情时，不妨以社会这位良师的标准反省一下自身。

做好自己

不模仿他人，依靠自己的力量走自己的道路。

人和动物是不一样的，这是一目了然的事情。我们不会做出动物的行为，因为每个人都在不知不觉中保持着作为人的尊严。

但是仅凭外观却又无法了解每个不同的人，因为每个人的样貌和性格各不相同。这一点任何人都知道，所以谁都不会轻易认错人。但是，为什么大家又都想做和别人一样的事情呢？

自己就是自己。即使有100亿人口，也只需要做好自己。为自己感到自豪、有自信的人才真正有益于社会。

如果迷失了自我，哪怕有100亿这样的人，也不过是一群乌合之众。无法正确认识自我，一味想着模仿他人，这就好像是人在模仿动物的行为，半点都不值得自豪。

因此，我们还要重新认真思考自己与他人的不同之处。只有这样才能做到不模仿他人，依靠自己的力量走自己的道路。这样才能踏上幸福和

繁荣的坦途。

做自己

改变看法

事情陷入僵局时,首先应该考虑改变自己对事物的看法。

富士山从西侧和东侧都可以登顶。如果西侧的道路不好走，也可以从东侧登山。如果东侧的道路险峻，那么可以从西侧登山。可选择的道路不止一条，只要根据时间和情况，自由地做出选择就好。

如果一味执着于某一条道路，难免就会遇到困难；如果一味迎难而上，那就容易陷入死胡同，因为这无异于试图搬走一座无法撼动的大山。只要让自己的身体动起来，就一定能开辟出崭新的道路。

事情陷入僵局时，首先应该考虑改变自己对事物的看法。令人意外的是，人们往往会在无意识之中执着于对事物的某一种看法，从而忽视从其他角度考虑问题。

希望我们做任何事情都可以更加灵活，拥有足够宽阔的胸襟，能够灵活地改变对事物的看法。过于执着于某一件事，会让言行有失公正。学会在事态恶化之前对视野进行适当的调

整。如果仍然没有达到预期效果，只需再次调整。这样，最终总能找到正确的道路。

探索的真正含义正蕴藏其中。如果能做到这一点，那么做任何事情都不会进入死胡同。我们要保持这样的状态，共同探索通向繁荣之路。

不可思议的事

我们应该给自己安排严格的检察官,给他人安排高明的律师。

有一个不可思议的现象，那就是当人们内心变得脆弱的时候，就会出乎意料地开始寻找借口。

如果内心迷茫，就会举棋不定，在思前想后的同时，不由自主地开始抱怨。如果抱怨没有效果，就会开始找借口。

一步步地，抱怨开始升级，不知道从何时开始就会觉得自己什么都是正确的，为自己辩护。接下来还会拼命坚持自己的正确性，就好像自己为自己找到了一位最厉害的律师。

如果只是为自己进行辩护，尚情有可原。如果接下来还要给对方安排一个最严厉的检察官，那就太过分了。令人惊奇的是，对方也会采用相同的做法。不知不觉中，人心和人心就会离得越来越远。

虽然这是人之常情，有些时候不可避免，但正因为身处人情社会，我们才更需要自省。

我们应该给自己安排严格的检察官，给他人安排高明的律师。这样才能让易于离散的人心凝聚到一起。

辩护

借 口

重要的事情不是讲道理,
而是心连心。

再也不要找借口。给自己找借口，互相推诿已经让人切实感到空虚。难道话从嘴里说出来之前就不能在心中深思熟虑一下吗？

在脑子里一顿捏造，不合逻辑的地方就胡乱用借口来自圆其说。即使问别人有没有明白，也只能给人徒留莫名其妙的问号。这不是正常人之间的对话应有的样子。

稍微有一点不合逻辑的地方是无伤大雅的，哪怕不合道理也可以接受。跟这些相比，更重要的是能不能做到从心底爱他人、尊敬他人，哪怕是说得结结巴巴，也要做到用发自内心体贴他人的语言来进行沟通。

重要的事情不是讲道理，而是心连心。只有这样，人与人之间才能产生信任感，才会带来互帮互助携手前行的力量，只有这样也才能感受到作为人的幸福。

心连心

我坚信这一点是可以做到的,不管别人能否做到,至少自己是可以做到的。

转折点

不能什么事情都照搬以前的做法,不能什么事情都满足于以前的状态。

按照以前的想法和做法行事，如果仍然很顺利，自然无可厚非。但是，整个社会日新月异，人类的行为也应与时俱进。说实话，其实昨天的想法到今天就已经需要更新了；今天的做法，到了明天也需要加以调整。

每时每刻都应该有新的想法，每时每刻都应该用新方法来处理事物。这就是遵照自然之理形成的发展之路，也蕴含了人类真正的快乐。

失去这种快乐，人就会停止成长，社会就会停滞不前。如果只是止步不前那尚且不算严重，但是止步不前就意味着逐步走向崩溃。无论对个人还是对社会来说，都是极大的危机。

不能什么事情都照搬以前的做法，不能什么事情都满足于以前的状态。无论想法还是做法，都需要随时更新。无论日本还是整个世界，当下都面临着严峻的转折挑战。

没有思想准备的转折即危机。

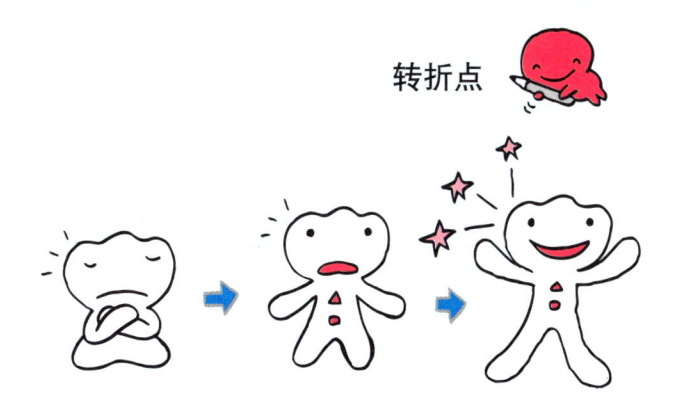

转折点

敞开心扉

敞开心扉,打造相互信任的环境,让每个人自由发挥才智和能力。

无论多么聪明，一个人的智慧总会有极限。无论多么积极，一个人的力量总会消耗殆尽。所以，人与人之间应该齐心协力，以组织的形式开展工作，群策群力，同心协力。

但是，随着人员增多、组织规模变大，个人的智慧和力量往往不容易得到发挥，也不容易得到充分利用。究其原因，可能是集聚个人智慧和力量的方法不够巧妙。

每一个人都应该素直地承认，一个人的智慧、一个人的力量终究是有限的，所以必须将大家的智慧和力量汇集到一起。能否做到这一点，取决于这样素直的想法是否足够强烈。

最终能够将人们的智慧和力量凝聚到一起的，还是互相之间的信任。只有相互信任，才能敞开心扉；只要敞开心扉，必然能加深信任。这样自然而然地就能更好地集众人之智，增进人与人之间的合作。

敞开心扉

敞开心扉,打造相互信任的环境,让每个人自由发挥才智和能力。这样,必将通向繁荣之路。

云

喜也很好,悲也很好。人生如浮云般时时刻刻都在变化。

云，或快或慢，或大或小，或白或淡，或高或低，其形态无时无刻不在变化。

转瞬之间散为一片，倏忽之间又聚成一团。云的形态每一个瞬间都在变化，越是在夏日的晴空，其变化越发多样。

这正如人心和人的命运。人心每天都会产生变化，每个人的境遇，每一天与前一天也都不同。

变化

人的命运也是明暗交织、无时无刻不在变化的，因此人心随之时而欣喜时而嗟叹。

喜也很好，悲也很好。人生如浮云般时时刻刻都在变化。

坚定信念，人躁动的内心也会得到些许平静。喜的时候不忘乎所以，悲的时候也不轻易绝望。在这样的心境之下，每个人都素直谦虚并且全身心地完成自己被赋予的职责，就可以从中体会到人生的乐趣。

幸福

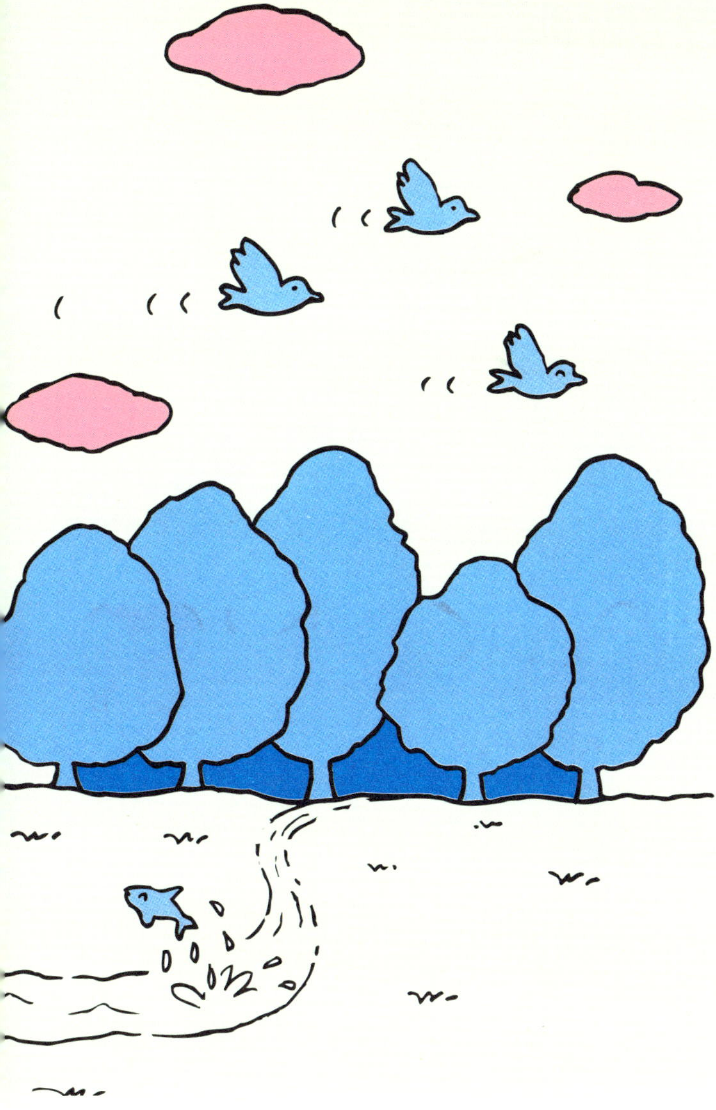

静待时机

所有能成事之人,一定是会等待时机的人。

无论要做成什么事情，都需要合适的时机。时机是超出人的力量且肉眼无法看到的。无论多么期待看到樱花，只要春天没有到来，樱花就不会开放；无论多么着急，时机不成熟就不能做成事情。冬天来了，春天也就不再遥远。樱花静静地等待春天，正是因为从心底相信大自然的恩惠。

只要厄运过去，一定会迎来好运。所有能成事之人，一定是会等待时机的人。他们不骄不躁，静待时机。

等待时机的心境，恰如樱花等待春天，但什么都不做无异于心存侥幸。樱花在静静地等待春天的时候，没有片刻歇息，一直在积蓄力量。没有提前积蓄的力量，即使时机到来也无法成事。

如果时机尚未成熟，最好的做法就是安静地等待。从心底相信大自然的恩惠、相信时机一定会到来，并且不断积蓄力量。不断积蓄力量的人，一定能够等到合适的时机，一定能够等到成功的机会。

等待

当被告知需要等待时，人们往往会着急，这也是人之常情。但是，大自然的规律并不会因人之常情而改变。大自然并不是冰冷无情的，它会给静静等待时机的人带来温暖的阳光。希望我们都能养成静待时机的心境。

素直地生活

不被逆境所束缚,不因顺境而骄奢,素直地在自己的境遇中生活。

逆境是赋予人的宝贵的考验，经受住考验的人才会变得真正强大。古往今来的伟人，大都有过身处逆境却依靠顽强的精神坚持下来的经历。

逆境确实很宝贵。但是，如果过于看重逆境，以为不经历逆境就无法得到完整的人生，这也是一种偏见。

逆境是宝贵的，顺境也同样是宝贵的。重要的是，无论逆境还是顺境，都要勇于面对被赋予的境遇，素直地生活。无论何时都不能忘却谦虚的心态。

如果做不到素直地生活，身处逆境会卑躬屈膝，身处顺境又会骄傲自大。无论逆境还是顺境，

都是在当前时刻被赋予的一种生活。在当时的境遇中素直地生活，就是最好的选择。

素直之心让人强大，让人正确，让人聪明。无论是素直地熬过逆境的人，还是素直地在顺境中成长的人，即使过程不尽相同，都一样会变得更加强大、更加正确、更加聪明。

每个人都应该做到不被逆境所束缚，不因顺境而骄奢，素直地在自己的境遇中生活。

尚需努力

虽然各不相同,但是各有各的好处。

你喜欢吃鱼肉，而我喜欢吃猪肉。虽然喜欢的食物不同，但也可以一起进餐。各自吃着自己喜欢的饭菜，氛围一团和气。即使不喜欢吃鱼，也不会因此排斥吃鱼的人。

素直地承认人与人之间的不同，然后品尝各自的美味。这样和谐的情景让人愉悦。你的想法是这样的，我的想法是那样的。尽管想法有出入，但是可以先坐到一起。然后，大家互相学习，就可以做到一团和气。

虽然各不相同，但是各有各的好处。

无限的

素直地借鉴、吸收对方的好处，创造出更好的生活。既没有抱怨，也没有排斥，更不会对生命有什么不好的影响。

这才是人类真正的进步，只有做到这一点，才称得上是真正意义上的人。因为想法不同而互相争斗和因为食物好恶而互相争斗，其实并没有多大的差别。

人类整体的生命是无限的，所以人类的未来也是无限的。我们都需要努力向前迈步。

冷静是一种美德

没有什么事情比冷静更加重要。

人在登上山顶置身雾霭之中，不知道该往哪个方向走的时候，首先应该停下来休息片刻，甚至有时候还要找个山洞藏身，在保存体力的同时静待雾气散去。

明明这都是被教过很多次的内容，也想着按照这个准则来行事。但往往大部人会在迷雾中转来转去，弄得满身伤痕，最终因精力和体力衰竭而倒下。

人之所以会这样皆源于不安，什么也不做的话就会极为忐忑。心态不再冷静，就会接连不断地冒出不好的念头，陷入如果什么也不做就会死掉的不安之中。接下来就会坠入幻想，耳边可能出现根本不存在的声音，眼前可能出现根本不存在的道路。

人有很多种美德，冷静是其中一个，并且是非常重要的美德。尤其是在当前世风混乱的情况下，冷静更为重要，甚至应该被视为人最重要的美德。

美德

我们能将这种美德提升到何种高度，现在就是关键时刻。

生活中多动脑筋

与害怕失败相比,不动脑筋的生活更可怕。

遇到任何事情，都要先认真思考，动脑筋想办法，然后付诸实施。如果失败，只要从头重做就好。如果重做仍然失败，那就再次动脑筋想办法，然后付诸实施。

同样的事情，不管用同样的方法重复多少次，都不会带来任何进步。老老实实依循先例是没有问题的，同样打破先例开动脑筋思考新办法也很重要。只要试着去做，就可能开辟出新的道路。与害怕失败相比，不动脑筋的生活更可怕。

幸而我们的祖先，在一件又一件事情上开动脑筋，所以才有了我们今天的生活。在每一件不起眼的日常小事物中，都有开动脑筋留下的珍贵痕迹。

哪怕是一个茶碗、一支笔，只要认真观察，都能发现其中的奇妙之处。这也正是从无到有的创造。个中深意，值得我们重新思索。

无论多么渺小的事情，无论多么微不足道的事情，与昨天同样的事情，今天就不要再重复。

今天不能再重复与昨天同样的事情。每一个人只要开动一点点脑筋，积少成多就可以带来整体的繁荣。

好主意

悲观与乐观

乐观之中有道路,悲观之中也有道路。

无论人类文明如何发展和进步，其实人类连明天都无法预知。这就是人世之难题。

正因如此，人才会有各种期待和不安的情绪交织，每每遇到什么事情就会或悲观或乐观。这就是人每天、每时、每刻的状态。

有时心态乐观，事情进展很顺利，有时也会因意想不到的挫折而慌张失措。

有时感到悲观、失落，以为大势已去，但事情反而出现转机，令人意想不到。

换言之，成事之路不依托于人类或悲观或乐观的主观感情，而是独立存在的。

可以说，在人类或忧或喜的情感波动中，成事的大道就在那里，不悲不喜。

悲观也好，乐观也罢，会在人的内心荡起各种各样的涟漪，这也是人之常情。但是，我们要时刻提醒自己，有没有过于执着于这样一时的想法。

乐观也好，悲观也好。乐观之中有道路，悲观之中也有道路。

最平凡的事

以素直之心重新思考这些最为平凡的事情。

早上起来人要梳洗打扮,门前要打扫洒水。这都是每天必做的再简单不过的事情。

收到礼物就要表示感谢;给别人添了麻烦就要深表歉意;东西弄乱了,就需要整理。这样的事情并不需要什么晦涩的理由。小狗小猫可能无法马上理解这些道理,但作为人,这些事情都是最为平凡、最理所当然的。

但是,总有人会为这些事情找借口。有了自私自利的借口,不知不觉中就不再整理凌乱的事物,不再洗脸,不再洒水。最平凡的事也会变得困难起来,人会不知道自己应该做什么。

这样的事情,在当今这个时代,已经见得不能再多了。

这些其实都是在追求对自己有利的路。但是,真正能为自己和他人带来繁荣的路,其实就在最平凡的事情之中,就在这些能让每个人感到满意的不起眼的细微之处。其实我们没必要把事情想得太难。

就像水向低处流、夏天过后就是秋天一样，人需要遵循自然规律，以素直之心重新思考这些最为平凡的事情。

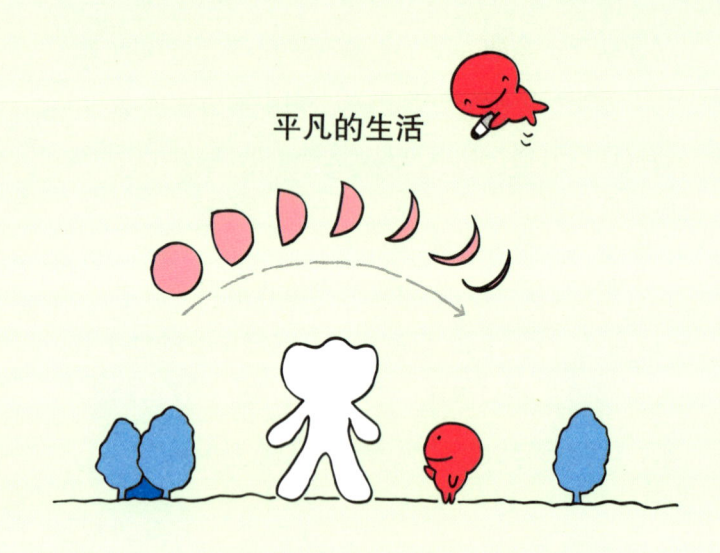

平凡的生活

次善之策

在特定的时间和场合下,退而求其次可能是最佳选项。

人活于世，总归会心怀一定的理想，抱有一定的期望。理想和期望还要尽量高远，因为如果志向太低，容易懈怠。

最高、最大、最好、最佳，总之希望能拥有带有"最"字的理想和期望，因为可以给自己和他人带来更好的生活。

但是，不管目标多么好、多么高，所有事情都不是轻易能实现的。能够达到顶点那再好不过了，但现实中我们经常会遇到无法如愿的情况。如果勉强为之，人就会陷入烦恼。所以，学会退而求其次也是非常重要的。

"第二志愿"不是最理想的那个，但是我们不能因此就轻视它。不要因为退而求其次而气馁，"第二志愿"也是通往最高理想的一个重要途径。

我们往往会因为执着于追求最高理想，而忽视了"第二志愿"的重要性。

次善

在特定的时间和场合下,退而求其次可能是最佳选项。

自己的工作

诚实地、谦虚地,并且全心全意地去做。

无论什么样的工作，都是因为社会的需要而存在的。如果某个工作在这个世界上不被人需要，那它就不会存在。比如，正因为有人希望能够在街上轻松地把皮鞋擦干净，所以才诞生了擦皮鞋的生意。不然，很可能擦皮鞋这种工作根本就不会出现。

所以，如果认为自己的工作只是为了自己一个人，那就大错特错了。其实它是为了满足社会需求，是社会安排给自己的工作。这才是工作的意义。

因为对自己的工作有热情，所以会冒出这样那样的点子，这是非常了不起的事情。但如果忘记了自己的工作其实是为了社会，那就会变成个人的野心，变成渺小的自我满足。

另外，事业能否发展，也取决于社会。只要根据社会的需求，顺其自然地扩大自己的事业规模就可以。

最为重要的是，面对社会赋予自己的工作，我们要诚实地、谦虚地，并且全心全意地去做。

面对社会的要求，要全力以赴地回应。希望每一个人都不要忘记自己工作的意义。

需求

放松

智慧是无穷无尽的

只要有做该做之事的勇气,以及摒弃私心倾听别人声音的谦虚品质,智慧自然就会迸发出来。

人类的智慧只要用心发挥，是取之不尽用之不竭的。无论到什么时候都不会走投无路，都不会束手无策。

只要有"该做的事情必须要完成"的坚定意志，燃烧自己的正义感和勇气，就会迸发出意想不到的智慧，也会开辟出意想不到的道路。

智慧

当然，一个人的智慧，终究会有尽头。但是，只要谦虚地向他人请教，就可以将他人的智慧无限地变成自己的东西，这样一来，可以说智慧是能无限延伸的。也就是，只要有做该做之事的勇气，以及摒弃私心倾听别人声音的谦虚品质，智慧自然就会迸发出来。

在感慨自己智慧不足之前，我们需要再三再四地反省自己是否有这样的勇气和谦虚品质。然后就是不要轻易地说出"已经走投无路了"这样的话。因为，智慧是可以无限涌现、无限集结的。

一厢情愿

一厢情愿的事情,最好不要去想。

人们总是喜欢一厢情愿，比如希望哪怕遇到下雨自己也不会被淋湿之类的。其实并不是说不能一厢情愿，而是为了实现自己的一厢情愿，应该有相应的思想准备。

只要遇到下雨，人人都会被淋湿，这是再简单不过的自然之理。但是，撑开雨伞就不会被淋湿，这也是遵循自然之理的事，是极其素直的事情。

所以，我们要认真观察自然之理，做好顺势而为的思想准备，这样就可以想任何一厢情愿的事情了。

但是，如果你的一厢情愿是既不撑伞又不被淋湿，那么最终一定会在某个地方吃亏。如果你觉得哪怕吃亏也没有关系，那我也没什么好说的。但是很多时候人往往都会把自己吃亏的原因强加给别人，最后弄得自己和别人都不愉快。所以，一厢情愿的事情，最好不要去想。

每个人都很忙。无论多忙，也要寻找时间静下心来，将自己的言行和自然之理进行对照，并试着反省一下自己到底有没有想那些一厢情愿的事情。

撒娇任性

如果大家互相撒娇,那么只能让内心阴暗,最终不堪重负而被压垮。

孩子向父母撒娇的时候是非常可爱的。但是等到了长大成人独立生活的时候还要撒娇的话，那就连父母都会生厌。所以，父母有时也会对孩子摆出一副严厉的面孔。如果孩子从心底已经习惯了撒娇的话，会难以素直地接受这样的严厉。父母的严厉招来孩子的牢骚和不满，最终双方都会愤怒生气。

人之所以能够撒娇，是因为有容许自己撒娇的对象，并且容许自己撒娇的人也有足够的余力。但是，在当前如此严峻的社会中，人们既没有可撒娇的对象，也渐渐失去了容许别人撒娇的余力。即便如此，还要做出一副撒娇的样子的话，那事情只能背离自己的想法，徒然让自己的内心变得阴暗。在这样一个不再有余力的严峻现实之中，如果大家互相撒娇，那么只能让内心阴暗，最终不堪重负而被压垮。

独立

大自然一直在进化发展，其中的规律异常严苛，没有一星半点的姑息。人的行为也是如此。撒娇任性的态度，绝对不会带来任何进步和成长。

这也不是要求大家必须自我束缚，但只有经得住严格考验，才能真正体会到内心的光明，感受到真正的自由。

批 评

只有人类被赋予了将愤怒变成相爱、将仇恨变成体谅的能力。

批评他人，其实并非一件容易的事情。被批评的人不开心，批评人的一方也不会心情舒畅。如果可能的话，还是希望互相之间都不要批评。但是，人非圣贤，有时还是会忍不住要批评别人，也有的时候被批评才能意识到自己的问题。所以，批评和被批评，可以说是生活在这个社会中的人不可避免的宿命。

我希望大家至少可以做到在接受这一宿命的同时，互相体谅、敞开心扉。无论是批评还是被批评，都可以更有人情味儿。动物之间的争斗，唯一的手段就是上天赐予的互相撕咬，打到头破血流。只有人类被赋予了将愤怒变成相爱、将仇恨变成体谅的能力。

希望人们能够尽最大努力做到心怀悲悯，尽管实际做起来这可能会很困难。即便如此我还是希望大家在充分理解了心怀悲悯的难度后，再互相批评。另外，其实更难做到的是自我批评。

总而言之，批评是一件非常不容易的事情。

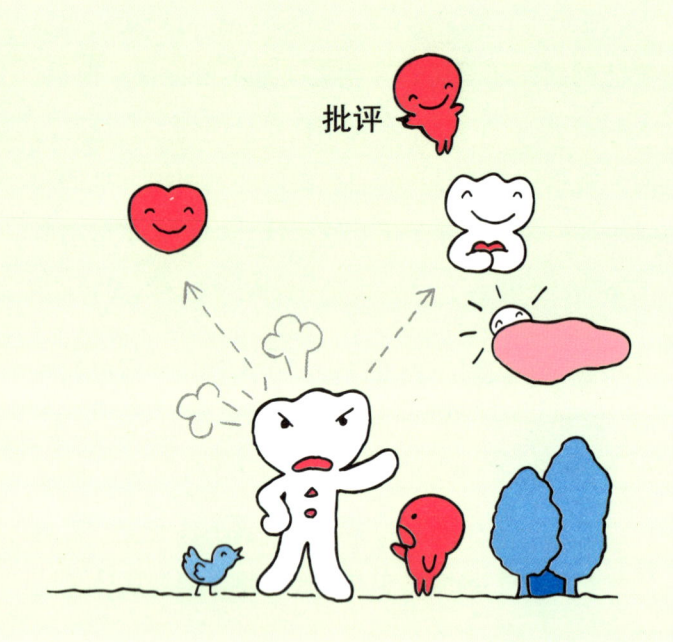

道　歉

这个世界上，没有哪个人是不需要道歉的。

人有时候会找借口，会狡辩，也会诽谤他人。我们坚持自己的主张，还会大声叫嚷。但这时候，心底也会突然飘出一个细微的声音在说：自己终究也有不对的地方，非常抱歉。

尽管也想为自己的行为道歉，但实际上却很难说出口，所以会继续叫嚷。继续叫嚷的时候，又会听到内心那个细微的声音：请马上道歉，素直地道歉。如果终于遵从内心去道歉的话，整个人马上就会感到格外的轻松。

脸变得僵硬，眼中渗出泪水。逐渐放下偏执，认清什么是正确的，内心懊悔不已。尽管不由自主地紧咬嘴唇，但仍然无法开口道歉。

如果自己不想道歉，那完全不必勉强。跟仅限于口头上假惺惺的道歉相比，发自内心的懊悔更能打动人心。如果想素直地道歉，那直接道歉就好。对方一定也会真诚地回应你。

道歉

这个世界上，没有哪个人是不需要道歉的。

感 谢

感谢其实是上天赐予人的一大特权。

就连尚在牙牙学语的小孩子，在收到礼物后都会表示感谢。哪怕是再不精通人情世故的人，如果感受到发自内心的亲切，也会不由得双手合十以示感谢。

其实并没有什么冠冕堂皇的理由，感谢他人是人作为人的一种极为自然的行为。尽管感谢的语言和形式需要学习，但是每个人都被赋予了感谢的能力。

感恩和感谢，在当今时代似乎已经变成了容易让人难为情的事情。但是，无论岁月如何变迁，"谢谢您""托您的福"这类简单的话语，总能让人感到满足，给生活带来温暖和喜悦。

没有必要觉得难为情。感谢他人的心情，完全可以素直地、如实地表现出来。

像感谢这样重要的事情，是鸟兽无法学会的，只有人类才能掌握。也就是说，感谢其实是上天赐予人的一大特权。

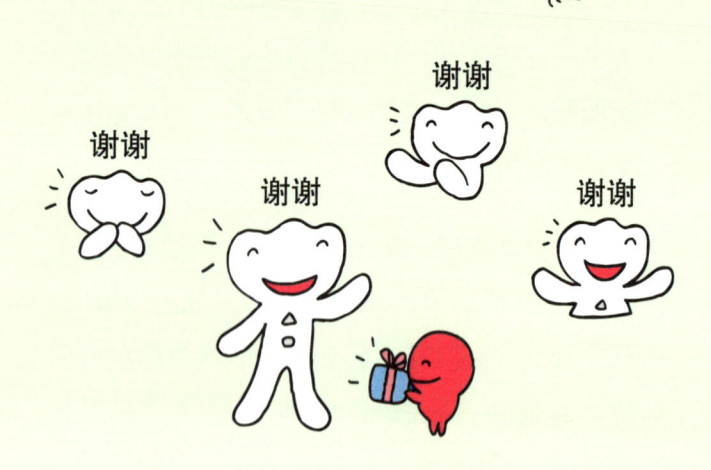

对于这一特权，我们都应该珍惜。对于所有收到的喜悦，都素直地予以感谢，然后再把喜悦传递给他人。

繁荣

附 身

一味等待,是无法得到他人的帮助的。

可以说，这个世界上完全不存在一个人就可以完成的工作。每个人都会通过某种形式来借助他人的帮助。

这种帮助，有的时候是可以直接看到的，有的时候可能因为不直接而意识不到。尽管如此，如果没有他人的帮助，自己的工作一天都无法开展下去。

附身

正因为如此，我们才需要时刻保持感恩之心，主动寻求他人的帮助。这样才可以更好地推动工作取得进展，无论对自己还是对世人都是有益的。一味等待，是无法得到他人的帮助的。

不停地鞭策自己，哪怕自己的力量微薄，也要用尽浑身解数来发挥最大力量。开展工作时要有把自己的力量附身到其他人身上的魄力。

这里所说的附身，并不是什么神秘的幽灵怪谈，而是指要通过认真工作，将自己的力量附加到对方身上，以此来得到他人真心的帮助。

保持热情

所有的创意,都是上天对人付出热情和激情的褒奖。

经常听说要抓住机会，但如果只是一般程度的努力，可能压根儿发现不了机会来临。所以，必须保持热情，而且必须比一般意义上的热情更加有热情。只有这样的热情，才能帮助人养成辨别机会的眼力。

光靠说漂亮话无法诞生真正好的创意，好创意需要热情。如果投入某件事情时能达到废寝忘食的程度，依仗这样的热情一定会想出意想不到的好点子。所有的创意，都是上天对人付出热情和激情的褒奖。

无论生来多么聪明，如果没有热情，这种聪明就仅仅是一个关于智商的数字，无法为自己和他人带来益处。聪明也好，愚钝也罢，人与人之间的这点差异，在上天看来，根本就不是什么了不起的事情。

热情

跟这些相比，更重要的是人的热情。无论做什么事情，都要有热情。跟任何人相比，都要更加有热情。源自热情的聪明，才能给自己和他人带来真正的幸福。

热情是上天赐予人类的重要法宝。并且，上天公平地将这一法宝赐予了每一个人。

下雨怎么办

人生路上,有晴天也有雨天,有顺风顺水的时候,也有时运不济的时候。

下雨就要打伞。如果没有伞就顶块手帕。如果手帕也没有，那就只好被雨淋湿。

下雨天不带雨伞，是因为晴天的时候放松警惕，忘记了为雨天做好准备。只有淋过雨，才知道雨伞的重要性，才会考虑下次下雨时怎样才不会被淋湿。等到雨停之后，下定决心不管什么情况下都会准备好雨伞。可以说，这也算是一种人生教训。

人生路上，有晴天也有雨天，有顺风顺水的时候，也有时运不济的时候。话虽如此，但是只要晴天的日子稍微持续一段时间，人就会轻易地忘记要准备雨伞以防下雨；只要顺遂的日子持续，人就会放松警惕做出过火的事情。这也是世人常见的一种状态。

古人从这样的教训中得出了"居安思危，居治思乱"的警言。无论在工作中还是在其他方面，这个道理都同样值得借鉴。

下雨

　　下雨就要打伞。没有伞的话,被淋湿一次也是没有办法的事情。但一定不要忘记雨过天晴后做好充分的准备,以免再次淋雨。下雨时的伞、工作上的"伞"、人生中的"伞",不管什么时候,"伞"都是非常重要的。

一日三变

每天都有新的发展、新的进步,这是宇宙的基本原理。

宇宙中的万事万物，无时无刻不在运动。万物流转，昨天的样貌，今天已经不复存在，每一个瞬间都在发生变化。换言之就是日日新，每天都有新的发展、新的进步，这是宇宙的基本原理。

人的生活必须遵循这一原理。昨天的样貌今天已经不复存在，生活无时无刻不在发生着变化，每时每刻都会出现新的样貌。这也带来了人类社会的发展和进步。

人的想法也是同样的。古人曾教导我们"君子一日三变"。一天之中三次改变想法，也就是要能够发现并创造更多的新生事物，这样的人才能称为君子。我们不能一天之中一次都不改变想法。

我们往往容易对变化心存畏惧或感到不安。这是人的天性使然，但是之所以出现这样的情况，还是因为我们被什么东西蒙蔽了眼睛。

三变

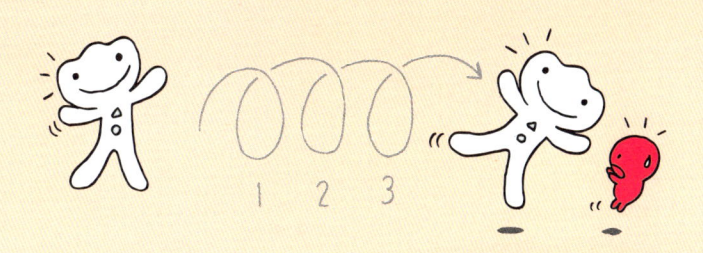

　　一次、两次改变想法是进步的态度,在此基础上每天三次、四次改变想法会更好,这样可以带来发展和进步。

危险的事情

连续的失败会让人消沉,连续的成功其实也非常危险。

与失败相比，成功是更好的事情。这似乎是理所当然的。但是，如果策划了三件事情，无一失败全部成功的话，反而会存在一些隐患。因为从成功之中会产生自信，如果人变成了一副胜券在握的样子，标榜"什么事情都交给我"，那就糟了。因为人一旦失去了谦虚的心态，就无法再听进别人的意见，这是非常危险的。

　　当然，自信是非常必要的。如果没有信心策划什么事情，那最好从一开始就不要着手。但是，这样的自信其实是相对的而不是绝对的。因为世界上本来就不存在绝对的胜券，也没有人会有绝对的胜券。所有的事情都是相对的、暂时的。只要牢记这一点，就永远不会丢掉谦虚的品格，也能素直地听取他人的意见。但是，人往往很难做到这一点，稍微取得一点成功，就会轻易产生绝对的、盲目的自信。所以，无论多么厉害的人，三次中有一次失败，其实是更有益的。

警惕

　　明白将失败转变为谦虚的人,往往能实现更好的成长。连续的失败会让人消沉,连续的成功其实也非常危险。

打开视野

我们应该尽量打开视野,无论拓展到什么程度,都不为过。

世界是无限广阔的。如果用狭隘的视野在广阔的世界中处事，一定会陷入僵局。人生是非常漫长的，如果眼界狭隘地度过人生，一定会倍感压抑。

视野狭隘的人，不光会让自己的生活和人生误入歧途，还会给他人造成困扰。所以，为了所有人的繁荣和幸福，我们需要拓展自己的视野。把10度的视野拓展到15度。有15度视野的人，尽量拓展到20度。

就算把视野拓展到180度，也只能看清事物的一半。其实，我们真正需要的是360度的全方位视野，那样才能真正地畅通无阻、不被烦恼左右。

但是，大部分人都无法做到这一步。能够达到180度已经非常了不起。作为普通人，在日常生活中一般是依靠15度、20度左右的视野在生活，所以才会有争论和烦恼。狭隘的视野影响繁荣和幸福的实现，我们应该尽量打开视野，无论拓展到什么程度，都不为过。

开阔的视野

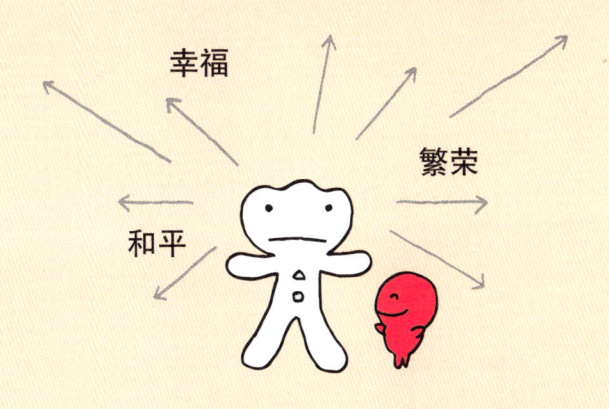

幸福

繁荣

和平

为了实现繁荣和幸福,每个人都需要让自己的视野更加开阔。

取之不尽的宝藏

觉得某种东西无用，只是因为人们不知道如何充分利用它。

世界上存在的所有东西，没有一样是毫无用处的。觉得某种东西无用，只是因为人们不知道如何充分利用它。

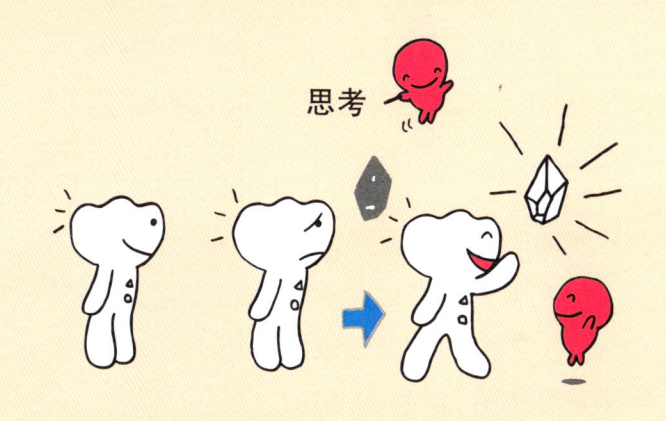

思考

如果不掌握使用方法，所有的东西都会变成没用的。如果因为觉得事物无用而暗自伤神，就会因为不满而身心疲惫，好不容易从上天那里得到的东西也就成了明珠暗投。

黄金对于猫来说是没有任何用处的东西，但是对于知道如何使用它的人来说却是天下至宝。可能有人想嘲笑猫的愚蠢，但对于另外的一些人来说，我们何尝不是像猫一样愚蠢呢。

以前被认为没有任何用处的霉菌，现在已经被证实，只要运用得当，是可以发挥重要作用的。所以说，这个世界真的就是一座取之不尽的宝藏。不只是物品，人也是一样的，这个世上原本就没有只有缺点的人。

所以，我希望人们相互之间再多一点谦虚，再多一点勇气，再多一点宽容。希望所有的事和所有的人，在合适的时机、合适的场合，都能充分发挥出本来的价值。

自己负责

在责任还不算大的时候,最好自己负责。因为不管责任是大还是小,总归还是自己的责任。

每当发生意外的时候，都会觉得这次真出了大乱子。但是无论发生什么事情，都会有相应的原因。没有原因，什么事情都不会发生。尽管事情发生的时候人们都会觉得很突然，但其实只是因为没有注意到事情发生的原因，事到临头只能惊慌失措。

尽管如此，人都有粗心大意的时候。哪怕是隐隐约约感受到自己时不时做出了会引发意外的事，但只要意外不发生，人就不会深刻地反省。

出现意外情况的原因其实都在我们自身。如果人人都能悟透这个道理，那就不会有不满和不安。但是人往往动不动就想把责任推给旁人，然后做出一副事不关己的样子。

等责任被推来推去再转回到自己头上的时候，已经变成了原来的几倍甚至几十倍，人就会更加不知所措。

在责任还不算大的时候，最好自己负责。因为不管责任是大还是小，

总归还是自己的责任。只有大家都这么想、这么做，整个世界才会在一片祥和中向前迈出新的步伐。

解决问题

理所当然的事情

理所当然的观念变得淡薄,整个社会就会像一盘散沙,人们也就无法得到幸福。

"不能做""应该做""必须做",这类令人心情沉重的用语包含了命令、强制或禁止的意思,所以人们一般都会对此敬而远之。但是,在现在这个自由奔放到放纵程度的社会,就连原本理所当然的严格要求,都已经不再是理所当然的事情,甚至被认为并不正当。

作为社会激烈演化过程中的一部分,也可以说这是没有办法的事情。但是,作为人应当做的事情、应当完成的使命、应当实现的目标、应当考虑的事情、应当负起的职责,等等,无论在什么样的时代,不管是谁,都是必须要接受的。

理所当然的观念变得淡薄,整个社会就会像一盘散沙,人们也就无法得到幸福。

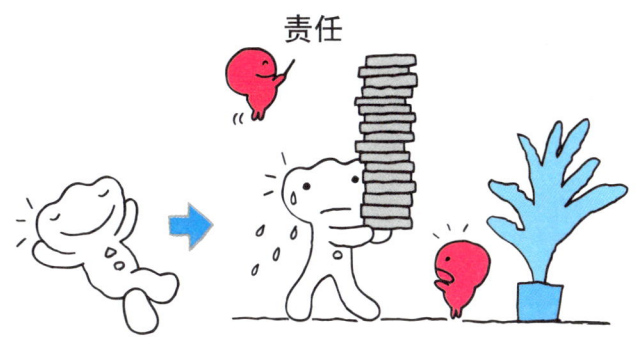

责任

让我们再次深刻地反省一下，应当做的事情、应当完成的使命、应当实现的目标、应当考虑的事情、应当负起的职责，等等，这些是不是被当成了不正当的要求。

风起之时

不要惊慌失措,不要着急慌张。

风起时，海上会掀起大浪。有了海浪轮船就会摇晃。当然轮船不摇晃是最理想的，但是风越大浪就越高，哪怕是几十万吨的轮船都不可能纹丝不动。如果硬要阻止这样的摇晃，反而会出现问题，最终甚至可能会导致轮船毁坏。换一种思路的话，在必须摇晃的时候，那就让它摇晃吧。最重要的事情就是，不要惊慌失措，不要着急慌张。

如果惊慌失措，反而会弄错航向。最终，原本不会沉没的轮船，反而可能无法避免葬身大海的结局。如果所有人都能够冷静且忠实地完成自己的职责，那么就可以产生强大的团队合作效应。

越是遇到风暴，合作的重要性就越发凸显。但是，惊慌失措会破坏团队合作的效果。与害怕轮船摇晃相比，无法进行团队合作更令人恐惧。

风暴

可以说，人生就是与幸运和不幸为伴的旅程。谁都无法预测风暴何时袭来。要学会随时随地地、冷静地观察周边，确认每个人是否做好了充分的心理准备。

珍惜事物

怀着珍惜之心重新审视周围。

以前觉得像美丽的天空这样的事物在日本想要多少就有多少。干净的水和清新的绿色，也是如此。但这些事物现在变得越来越珍贵了。

鱼之类的也是一样，包括日本在内，全世界想要多少就有多少。但慢慢的，事情开始变得不正常起来。

正因为要多少有多少，想要的时候马上就能得到，所以人们觉得这些事物的存在是理所当然的，也不会为此而感到难能可贵，因此它们也就得不到应有的尊重，会被潦草对待。这样的例子数不胜数。

"真可惜"这样的词语，从口中说出来的机会已经越来越少了。这样的词语，已经被当作过时的东西。随着社会的变化，不管人们是否愿意接受，今后都必须珍惜各种事物。这种必要性的增强，可以说是大自然的规律。

重要的就是，人们要重新找回"真可惜"这样的词语。怀着珍惜之心重新审视周围。从现在开始为时不晚。

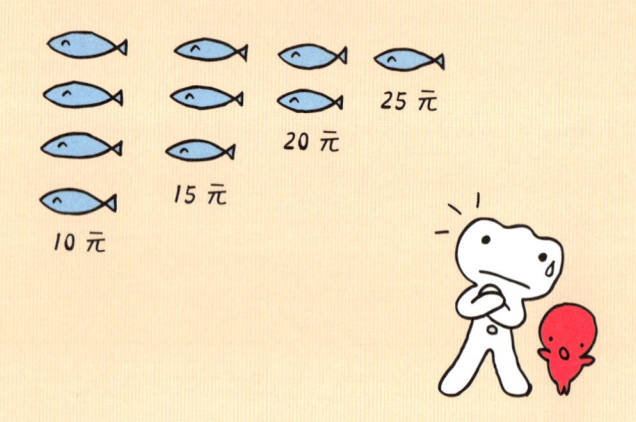

重新审视

10 元
15 元
20 元
25 元

智慧的宽度

人类智慧的上下限其实只有一点点的差别。

聪明人和笨人之间，看上去似乎存在非常大的差别。但是从更高层次的大自然的智慧来看，只要同样是人，聪明和愚笨都有各自的极限。无论多么聪明的人，其智慧都不可能媲美神仙、佛祖；无论多么愚笨的人，其智商也不会不如猫、狗、牲口。

无论是人的身体还是心灵，99%都是大自然所赐予的，都是因为接受了大自然的恩惠而存在的。依靠自己的力量让自己变成理想中的样子，这样的人其实只是凤毛麟角。

智慧

在如此狭窄的人类智慧分布带中，有各种各样的人，也有各种各样的活法。无论是为自己微末的聪明而骄傲自夸，还是为自己些许的愚钝而妄自菲薄，又能算得上多大的事情呢？充其量不过像小孩过家家般微不足道而已。

人类智慧的上下限其实只有一点点的差别。聪明之中也有愚钝的地方，愚钝之中也隐藏着聪明之处。

这些微小的聪明和愚钝，不应该成为扰乱人们内心的因素。我希望每个人都可以坦然地、内心平静地度过自己被上天赋予的人生。

属于自己的东西

我们拥有的东西,其实并不属于我们。

哪怕是自己的身体，也不能说绝对属于自己。它既可以说是属于自己的东西，也可以说是不属于自己的东西。血液流动、内脏的功能，哪一个都不是按照人自己的意志在运行。

也就是说，我们都是因为大自然的恩惠即上天的赏赐才能活着。这些是上天暂借给我们的东西。

自己的金钱、自己的工作、自己的财富，这些东西虽然可以说是属于自己的，但实际上这些都是社会赠送给我们的东西，是社会暂借给我们的。

无论什么东西，其实没有任何一个在真正意义上是属于我们自己的。即使觉得拥有它，其实那也只是暂时的，并没有什么东西真正属于自己。这些东西是上天赐予的，是上天暂借给我们的。也就是说，我们拥有的东西，其实并不属于我们。所以，不管是什么东西，我们都应该珍惜。

无论是身体还是金钱，抑或是工作，都不能故意慢待，也不能疏于考虑。我们必须学会珍惜，并慎重地发挥它们的功能，让生命更加有意义。

路

为了使自己的路更好走,首先就要迈开脚步。必须定下心来,奋力前行。

每个人都有属于自己的路，那是上天赐予的宝贵道路。不管是什么样的路，都是别人无法通行的路。这条路只属于自己，而且对于自己来说也是无法重走一遭的不可替代的道路。这条路既有宽广的时候，也有狭窄的时候；既有上坡的时候，也有下坡的时候；既有平坦的时候，也有崎岖的时候。

有时也会想不明白这样的路到底是好是坏，有时也会想寻求一些慰藉。但是，不管怎么样，这也是每个人唯一的一条路。

不要放弃自己的路。现在所面临的路，现在正在走的路，不管怎么样都要沿着这条路一直走下去。因为这是只有自己才能通行的重要的道路，是上天赋予自己的无可替代的道路。

即使被别人的路吸引，即使因为一筹莫展而踯躅不前，自己的路也不会因此而变得更加平坦。

自己的路

　　为了使自己的路更好走,首先就要迈开脚步。必须定下心来,奋力前行。即使路途看上去非常遥远,只要永不停歇地走下去,必定会走出崭新的路,必定会给人生带来深刻的喜悦。